Dieses Buch gehört:

.....................................................

.....................................................

1. Auflage 2020

ISBN 978-3-7641-5192-8
Die Originalausgabe erschien unter dem Titel *LasseMajas Detektivbyrå, LasseMajas Deckarhandbok* bei Bonnier Carlsen Bokförlag, Stockholm, Schweden

Aus dem Schwedischen von Maike Dörries
Published in the German language by arrangement with Bonnier Rights, Stockholm, Sweden.



Umschlag- und Innenillustrationen: Helena Willis
Druck und Bindung: Finidr s. r. o., Český Těšín
Gedruckt auf Papier aus geprüfter nachhaltiger Forstwirtschaft.

www.ueberreuter.de

Detektivbüro LasseMaja

# LasseMajas DETEKTIV-HANDBUCH


**Text: Martin Widmark**
**Illustrationen: Helena Willis**



Aus dem Schwedischen
von Maike Dörries

ueberreuter

# Karte von Valleby

Hafen
Benzin
Valleby-Blatt
Valleby Bibliothek
4
6
Hafenstraße
Markt-platz
Hotel
SUPER MARKT
RIO-KINO
Hallenbad

HAFEN
Benzin
Vallebу Bahnhof
sstraße
Bahnhofstraße
Kaufmannsstraße
Hotel
SUPER MARKT
S M
Angebot
BANK
ZOO
55
Hallenbad
Hospitalstraße
Kaufmannsstraße

Baumarkt Valleby
P
Baumarkt Valleby
VALLEBY
VG
Gefängnis
Gittergasse
1915
Stadttheater
12
Theaterstraße
Agaton Schnipp
Theaterstraße
30
Querstraße
Feuerwache
OPTIKER
20
POLIZEI
24
Kaufmannsstraße
Kaufmannsstraße

# Inhaltsverzeichnis

Die frechen Zwillingsbrüder Bacon haben uns vor Kurzem bei der Arbeit besucht. Jetzt wollen sie ein eigenes Detektivbüro eröffnen ...

LasseMajas Detektivbüro
Post an Detektiv-büro LasseMaja
und darum haben wir unsere Tipps in einem Detektiv-Handbuch für Sie gesammelt!

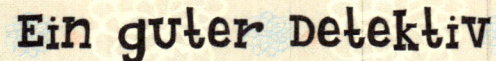

## Ein guter Detektiv

Es ist Freitagnachmittag. Lasse und Maja sind in ihrem Detektivbüro. Lasse schiebt Kartons hin und her und Maja zieht die Schreibtischschubladen auf.

»Ich hab keine Idee mehr, wo du sie hingelegt haben könntest!«, sagt Maja.

»Wieso ich? Du hast sie doch als Letzte benutzt«, sagt Lasse.

Maja murmelt etwas Unverständliches als Antwort.

Sie suchen nach ihrer Lupe.

»Ohne Lupe kann ein Detektiv nicht ordentlich arbeiten«, sagt Maja.

In einem der Kartons findet Lasse etwas.

»Guck mal«, sagt er und hält zwei runde, glitzernde Marken hoch.

»Was ist das?«, fragt Maja.

»Unsere Schwimmabzeichen«, antwortet Lasse grinsend. »Kannst du dich noch erinnern?«

»Klar, die haben wir beim großen Weihnachtsschwimmen bekommen«, fällt Maja wieder ein.

»Als Racke Bolinder, der Kunstspringer, seine Badehose verloren hat.«

Maja lacht und hält einen verstaubten, platten Fußball hoch.

»Und der hier«, sagt sie und wirft Lasse den Ball zu. »Erinnerst du dich noch an den?«

»Der ist noch vom Fußballspiel Valleby gegen Solbacka«, antwortet Lasse. »Bei dem der Pokal verschwunden ist.«

So geht es weiter. Lasse und Maja finden alles Mögliche, aber keine Lupe.

»Ich geb auf«, sagt Lasse und lässt sich in einen Sessel fallen. Da klopft es an der Tür.

»Wer könnte das sein?«, fragt Maja.

Lasse hat keinen Schimmer.

Maja öffnet die Tür. Davor steht ein erschöpft aussehender Mann: der Reporter vom Valleby-Blatt.

»Sigge Jansson«, begrüßt Maja ihn überrascht.

»Und wir!«

Zwei kleine Jungen schauen hinter Sigges Rücken hervor.

»Die Bacon-Brüder«, sagt Maja lachend.

»Eskil und Folke sind meine Enkel«, erklärt Sigge Jansson und wischt sich den Schweiß von der Stirn. »Ich hoffe, wir stören nicht.«

»Ach was«, antwortet Maja. »Wir suchen gerade nach unserer Lupe.«

Lasse erhebt sich aus seinem Sessel und kommt an die Tür.

»Ihr zwei habt euch auf dem Campingplatz Mulle Bergs Pilzmesser *ausgeliehen*«, sagt er zu den Brüdern.

»Und unser Zelt über den Haufen gerannt«, fügt Maja hinzu.

»Entschuldiguuuung!«, rufen die Brüder und laufen in das Detektivbüro.

»Halt! Wartet!«, ruft Lasse hinter ihnen her.

»He, Jungs, nicht so stürmisch«, sagt Sigge und wirft Lasse und Maja einen entschuldigenden Blick zu. »Ich sitze gerade an einem Artikel über euer erfolgreiches Detektivbüro, das schon so viele knifflige Fälle gelöst hat«, erklärt er. »Aber dann kam mir die Babysitter-Verpflichtung dazwischen ...«

»Kein Problem«, sagt Maja.

»Herzlich willkommen«, sagt Lasse.

Sigge Jansson tritt ein und lässt sich auf den nächsten Sessel sinken. Die Bacon-Brüder hüpfen begeistert auf Lasses und Majas Sofa Trampolin.

»Was für ein …«, ruft Folke.

»… tolles …«, ergänzt Eskil.

»… Sofa!«, beendet Folke den Satz und springt fast bis an die Decke.

»Hinsetzen!«, ruft Maja.

Die Brüder setzen sich überrumpelt auf ihre vier Buchstaben und glotzen Maja mit großen Augen an.

Sigge Jansson sieht beeindruckt aus.

»Wie hast du das denn gemacht?«, fragt er.

Maja zieht grinsend die Schultern hoch.

Sigge nimmt seinen Notizblock und räuspert sich, um seine erste Frage zu stellen, aber Folke kommt ihm zuvor.

»Seid ihr echte De…, Deke…, Deke…tive?«

»De-tek-ti-ve«, korrigiert Lasse ihn und nickt. »Ja, Maja und ich betreiben das Detektivbüro LasseMaja.«

Wieder setzt Sigge zu einer Frage an, aber dieses Mal ist Eskil schneller.

»Warum? Ich meine, warum seid ihr De… Deke…«

»Detektive?«, springt Maja helfend ein.

»Weil es spannend ist«, antwortet Lasse.

»Und weil man seinen Grips anstrengen muss«, sagt Maja und tippt sich mit einem Finger gegen die Stirn.

Folke und Eskil nicken ernst und tippen sich ebenfalls an die Stirn.

Sigge notiert sich Lasses und Majas Antworten.

»Welches Abenteuer war euer spannendstes?«, will Folke wissen.

Lasse und Maja sehen sich an und überlegen kurz.

»Der Fall«, sagt Lasse nachdenklich, »mit der im Museum herumschleichenden Mumie.«

»Oder die Nacht, die wir in der Schule verbracht haben«, sagt Maja. »Als wir herausfinden wollten, wer die Geldscheine gefälscht hat!«

Sigge Janssons Stift rast über das Papier.

»Weißt du noch, wie ich im Tresorraum eingeschlossen war?«, fragt Maja.

Lasse nickt.

»Oder die Zugfahrt, bei der die Notbremse gezogen wurde?«, sagt er.

Die Brüder hören ihnen mit offenen Mündern zu.

»Wir wollen auch Detektive werden«, sagt Folke schließlich.

»Was müssen gute Detektive können?«, fragt Eskil neugierig.

Lasse und Maja denken eine Weile nach, ehe sie antworten.

»Sie müssen aufmerksam sein«, sagt Maja ernst.

»Was heißt das?«, fragen Eskil und Folke wie aus einem Mund.

»Das heißt, dass man immer die Augen offen halten und gut zuhören können muss«, erklärt Maja.

»Langweilig«, sagt Eskil und beginnt ungeduldig

auf dem Sofa hin und her zu wippen, bis Maja ihn scharf ansieht.

Lasse geht zum Schreibtisch.

»Dann testen wir jetzt, wie aufmerksam ihr seid«, sagt er zu den Brüdern und legt verschiedene Gegenstände auf den Tisch.

»Kommt her!«, winkt er die beiden zu sich.

Folke und Eskil springen vom Sofa und laufen zum Schreibtisch.

»Seht euch die Sachen auf dem Tisch genau an«, fordert Lasse sie auf. »Ihr habt fünf Sekunden Zeit.«

Lasse zählt laut:

»Eins … zwei … drei … vier … fünf!«

Die beiden Brüder starren angestrengt auf die Gegenstände auf der Tischplatte.

Bei *fünf* sehen die Brüder Lasse fragend an.

»Und was passiert jetzt?«, fragt Folke.

»Jetzt macht die Augen zu«, antwortet Lasse.

»Erst gucken und dann die Augen zumachen«, fasst Eskil zusammen.

Lasse nickt.

Folke und Eskil schließen die Augen und Lasse erklärt ihnen, wie es weitergeht.

»Ich nehme jetzt einen Gegenstand vom Schreibtisch weg.«

Maja sieht von ihrem Platz auf dem Sofa, dass Eskil zwischen den Fingern durchlugt.

»Na, na, na!«, sagt sie streng. »Mogeln gilt nicht, Eskil!«

Eskil kneift ganz schnell die Augen zu.

»Jetzt dürft ihr wieder gucken«, sagt Lasse.

Die Brüder sehen nach einem kurzen Blick auf den Schreibtisch, welchen Gegenstand Lasse weggenommen hat.

»Einen Stift!«, ruft Folke.

»Vorher lagen *vier* Stifte da«, sagt Eskil. »Jetzt sind da nur noch *drei*.«

»Bravo!«, ruft Maja und applaudiert. »Ihr zwei seid ja richtig helle Köpfe!«

Eskil und Folke sehen Maja fragend an.

»Helle Köpfe?«

»Das sagt man, wenn jemand aufmerksam und clever ist.«

Die Jungs rennen im Detektivbüro hin und her und schütteln ihre hellen Köpfe. Sigge Jansson lacht und macht sich Notizen.

Da streckt Maja einen Arm in die Luft. Eskil und Folke bleiben stehen.

»Und jetzt …«, sagt sie geheimnisvoll.

Die Brüder stehen mucksmäuschenstill da. Maja flüstert Lasse etwas ins Ohr und sieht die Brüder an.

»Und jetzt stellen wir euch einen Bankräuber vor!«

»Echt?«, fragt Eskil aufgeregt.

»O ja!«, ruft Folke.

Lasse geht zum Ausrüstungsschrank und fängt an, sich zu verkleiden.

»Stellt euch vor, ihr wärt in einer Bank«, sagt Maja. »Es ist drei Uhr nachmittags. Draußen regnet und gewittert es.«

Die Brüder nicken und legen sich die Arme um die Schultern.

»Da fliegt plötzlich die Tür zur Bank auf«, sagt Maja.

»Hände hoch!«, ruft Lasse hinter den Bacon-Brüdern.

Folke und Eskil quietschen erschrocken und drehen sich um.

»Das ist ein Banküberfall«, sagt Lasse.

»Die Frau am Bankschalter wirft dem Räuber eine Tüte mit Geldscheinen zu«, sagt Maja, »dann wird sie ohnmächtig. Ihr zwei seid die Einzigen, die den Räuber gesehen und seine Stimme gehört haben.«

Maja nickt Lasse zu, der weiß, was jetzt kommt.

»Der Räuber läuft mit der Geldtasche in der Hand aus der Bank«, sagt Maja.

Lasse läuft zum Schrank und legt seine Verkleidung ab.

»Und da kommt auch schon die Polizei«, sagt Maja.

Maja stemmt die Hände in die Seiten und sieht die Brüder Bacon streng an.

»Habt ihr den Räuber gesehen?«, fragt sie mit verstellt tiefer Stimme.

»Ja«, flüstert Eskil.

»Kommt mit zur Polizeistation«, fordert Maja sie auf. »Da können wir eine Personenbeschreibung erstellen.«

»Was ist eine Personenbeschreibung?«, will Folke wissen und läuft mit Maja zum Schreibtisch.

Maja setzt sich hinter den Tisch und legt Papier und Stift vor sich.

»Für eine Personenbeschreibung müsst ihr uns sagen, wie der Räuber aussah.«

Folke und Eskil nicken feierlich.

Maja stellt ihre erste Frage.

»War der Räuber ein Mann oder eine Frau?«

»Ein Mann«, antwortet Folke. »Ganz sicher! Er hatte eine tiefe Stimme.«

»Jung oder alt?«

»Alt«, antwortet Eskil.

»Hat der Räuber eine Brille getragen?«

»Ja. Rund mit dunklen Gläsern.«

»Schnurrbart?«

»Ja, buschig«, antwortet Eskil.

»Kleidung?«

»Langer Mantel und großer Hut«, antwortet Folke.

So macht Maja noch eine Weile weiter und die Brüder beantworten ihre Fragen zum Räuber.

Maja legt den Stift weg.

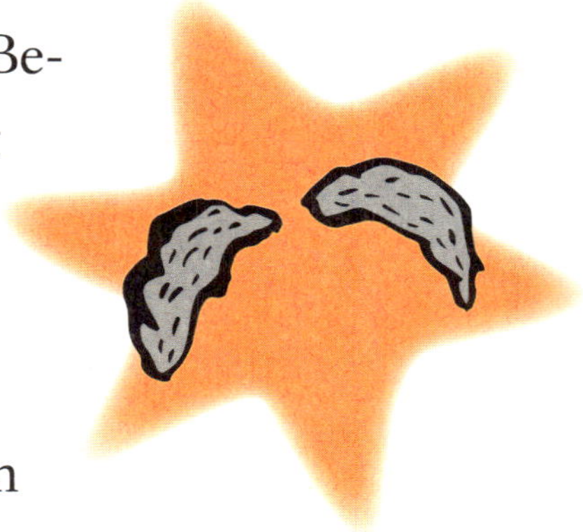

»Danke für die sehr gute Beschreibung des Räubers!«, sagt sie lobend.

»Echt?«, fragt Eskil.

Maja nickt.

»Ihr seid sehr aufmerksam und habt ein gutes Gedächtnis.«

»Wie echte Detektive?«, fragt Folke, und wieder nickt Maja.

»Aber jetzt testen wir das Wichtigste von allem«, sagt Lasse.

»Was ist das?«

»Ob ihr euch anschleichen und verstecken könnt«, sagt Lasse.

»Oh ja!«, jubeln Eskil und Folke und hüpfen auf und ab.

Maja legt einen Finger an die Lippen und die Brüder verstummen.

»Maja und ich stellen uns jetzt mit dem Gesicht zur Wand und zählen bis hundert.«

»Wie Verstecken!«

»Genau«, sagt Lasse. »Ein super Spiel, um zu trainieren, wie man als guter Deke…«

Maja lacht. Lasse macht einen neuen Anlauf:

»Ein guter *De-tek-tiv* muss sich lautlos anschleichen, unauffällig beschatten und gute Verstecke finden können.«

»Und aufmerksam sein und ein gutes Gedächtnis haben«, sagt Folke und tippt sich mit dem Finger an die Stirn.

Lasse und Maja stellen sich mit den Gesichtern zur Wand und beginnen zu zählen.

»Eins ...«

Folke und Eskil schwirren los auf der Suche nach einem Versteck. Sie schleichen auf Zehenspitzen durch das Detektivbüro, damit Lasse und Maja sie nicht hören.

»89, 90, 91«, zählt Lasse laut.

Die beiden Brüder halten die Luft an und versuchen, ganz still zu sein.

»99, 100«, ruft Lasse. »Wir kommen!«

Lasse und Maja sehen sich in ihrem Detektivbüro um. Sigge Jansson sitzt in seinem Sessel.

Lasse formt eine stumme Frage in seine Richtung.

*Wo – sind – sie?*

Sigge schüttelt lächelnd den Kopf. Von ihm werden Lasse und Maja nicht erfahren, wo seine Enkel sich verstecken.

Da kichert Maja und zeigt in eine Ecke, in der Folke ganz und gar reglos mit einem großen Lampenschirm auf dem Kopf steht.

»Sieh mal, Lasse«, sagt Maja. »Da steht eine neue Lampe in unserem Büro.«

Lasse geht näher ran und untersucht die neue Lampe genauer.

»O ja«, sagt er. »Siehst du den Schalter?«

Maja verkneift sich mühsam das Lachen und nickt.

»Sieht aus, als ob man hier drücken muss«, überlegt Lasse laut weiter und drückt mit dem Finger auf Folkes Bauchnabel. Folke, der schrecklich kitzelig ist, prustet laut los. Der Lampenschirm purzelt von seinem Kopf.

»Aufhören!«, kichert Folke. »Ich bin keine Lampe. Ich bin doch Folke!«

»Ach«, sagt Lasse. »Und ich dachte, wir hätten eine neue Lampe bekommen.«

»Aber wo ist Eskil?«, fragt Maja und schleicht durch das Büro.

»Ja, wo ist Eskil?«, wiederholt Lasse.

Folke kann sich vor Lachen kaum halten.

»Ist er hier im Schrank?«, fragt Maja und legt die Hand auf den Griff.

»Neeeiiiin!«, ruft Folke. »Nicht im Schrank!«

Lasse und Maja suchen eine Weile weiter, bevor sie sich zum Verschnaufen aufs Sofa setzen.

»Ich geb's auf«, stöhnt Maja laut, damit Eskil sie in seinem Versteck hören kann.

»Eskil ist ein echter Meisterverstecker«, stellt Lasse fest.

»Komm, Folke, setz dich zu uns!«, sagt Maja und zwinkert Lasse heimlich zu. »Findest du nicht auch, dass wir eine Stärkung verdient haben.«

»Ich hole die Keksdose«, sagt Lasse und steht auf.

Da hören sie ein Geräusch aus einem großen Karton in der Ecke. Gleich darauf taucht Eskils Kopf daraus auf.

»Wollt ihr etwa ohne mich Kekse essen?«, fragt er.

Lasse, Maja und Sigge Jansson lachen.

»Nein, natürlich nicht. Das war nur ein guter Trick, um dich aus deinem Versteck zu locken.«

Als Eskil versteht, dass er reingelegt worden ist, steigt er mit hängendem Kopf aus dem Karton und setzt sich mit trotzig verschränkten Armen aufs Sofa.

»Das war voll fies«, sagt er.

»Nein, das war schlau«, antwortet Maja.

Lasse zählt an den Fingern ab und fängt mit dem Daumen an:

»Ein Dekek… ein *De-tek-tiv* muss aufmerksam sein.«

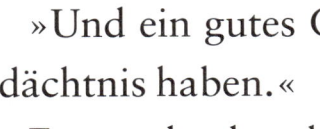

Lasse streckt den Zeigefinger aus:

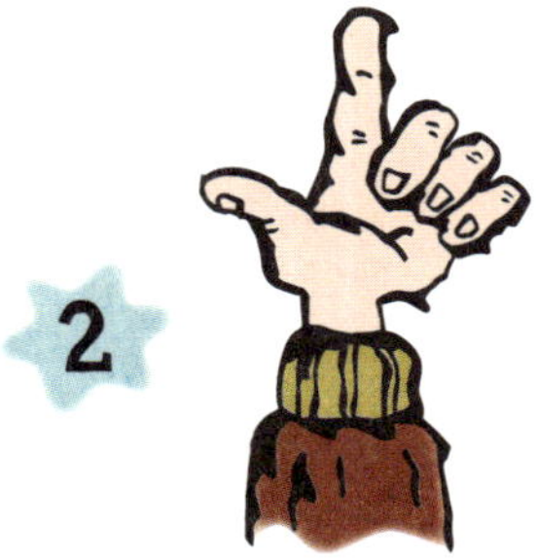


»Und ein gutes Gedächtnis haben.«

Er streckt den dritten Finger aus: »Und er muss sich anschleichen und verstecken und andere beschatten können.«

Maja klappt Lasses vierten Finger hoch und ergänzt:

»Und listig muss er sein.«

Eskil beugt sich vor und klappt Lasses kleinen Finger hoch.

»Und ein guter Sachenfinder sollte er sein«, sagt er.

Sigge, Lasse, Maja und Folke sehen ihn fragend an.

Eskil zieht etwas aus seiner Tasche.

»Unsere Lupe!«, sagt Maja verdutzt.

»Wo hast du die denn gefunden?«, fragt Lasse.

»In dem Karton, in dem ich mich versteckt habe«, antwortet Eskil. »Wie war das jetzt mit den Keksen?«

Sigge lacht und sagt, dass es Zeit wird, sich zu verabschieden, damit er seinen Artikel ins Reine schreiben kann.

Folke und Eskil wollen protestieren, aber als Maja sie streng ansieht, winken sie ihr und Lasse zu und folgen Sigge nach draußen.

Lasse läuft hinter ihnen her und steckt Eskil einen Keks zu.

»Das wird ein spannender Artikel«, sagt Sigge, ehe er die Tür zum Detektivbüro zuzieht. »Ihr werdet es ja morgen in der Zeitung lesen.«

Am nächsten Tag lesen Lasse und Maja im Valleby-Blatt:

# Ein guter Detektiv

Das Valleby-Blatt hatte gestern die große Ehre, Lasse und Maja über ihre Detektivarbeit zu interviewen. Die beiden haben zusammen schon viele spannende Fälle gelöst. Einer ihrer dramatischsten Fälle war laut unserer Stardetektive das Geheimnis der Mumie im Museum. Aber auch das Entlarven des Geldfälschers in der Schule und Majas Gefangenschaft in einem Tresorraum waren ordentlich aufregend.

Lasse und Maja haben uns außerdem verraten, welche Eigenschaften einen guten Detektiv ausmachen:

1. Aufmerksam sein
2. Ein gutes Gedächtnis haben
3. Sich anschleichen, beschatten und verstecken können
4. Listig sein
5. Eine gute Spürnase haben (von den Brüdern Bacon hinzugefügt)

Des Weiteren gibt das Valleby-Blatt bekannt, dass es demnächst ein zweites Detektivbüro in unserer kleinen Stadt geben wird: *Folkes und Eskils Fundbüro.*

-VB-
Reporter: Sigge Jansson

# Das Detektiv-Handbuch

Was für ein toller Artikel von Sigge im Valleby-Blatt!«, sagt Maja.

»Wirklich! Und Eskil und Folke wollen ein eigenes Detektivbüro eröffnen!«, sagt Lasse.

»Ich hätte da eine Idee«, sagt Maja.

»Was für eine Idee?«

Lass uns ein Detektiv-Handbuch schreiben!

»Vielleicht sollten wir den beiden ein bisschen auf die Sprünge helfen?«

»Und wie?«

»Indem wir aufschreiben, was wir wissen«, sagt Maja.

»Du denkst an eine Art Handbuch für Detektive?«

»Genau!«

»Super Idee!«

»Weißt du noch, wie wir damals angefangen haben?«, fragt Lasse.

Maja nickt und lacht.

»Wir haben Zettel an Laternenpfähle in der ganzen Stadt geklebt, auf denen stand: Detektivbüro LasseMaja – übernimmt spannende und gefährliche Aufträge jeder Art«, erinnert sich Lasse.

»Und eines Tages klopfte es an der Tür …«

Detektivbüro
LasseMaja
übernimmt
spannende und
gefährliche
Aufträge
jeder Art.

Lassemajas Detektivbüro
Post für das Detektivbüro Lassemaja

»… und davor stand Muhammed Karat, Vallebys reichster Einwohner!«, zählt Lasse weiter auf.

»Er war gekommen, weil aus seinem Laden seine kostbarsten Diamanten spurlos verschwanden, einer nach dem anderen.«

»Natürlich hatte er schon mit dem Polizeiinspektor gesprochen. Aber der fand keinen Verdächtigen

Der arme Muhammed!

und konnte nichts machen, ehe der Dieb sich irgendwie verriet. Also durchsuchte Muhammed

nach jedem Arbeitstag persönlich die Taschen seiner Angestellten.«

»Aber gefunden hat er nichts«, erinnert sich Maja.

»Wir haben den Auftrag übernommen und uns als Praktikanten in seinem Laden einstellen lassen – um die Angestellten ausspionieren und ihm Tipps geben zu können«, sagt Lasse.

»Wir haben sie überwacht, heimlich belauscht und durchs Fernglas beobachtet, bis wir wussten, wer der Dieb war«, sagt Maja zufrieden. »So haben wir unseren ersten Fall gelöst.«

»Mit anderen Worten: Wir waren aufmerksam!«

»Und das war auch dringend nötig. Am Ende war es nämlich ein angebissener Apfel, der uns zum Dieb geführt hat!«

Maja setzt sich an den Schreibtisch. Lasse holt sich einen zweiten Stuhl und setzt sich neben sie.

»Lass uns mit einer Liste anfangen«, sagt Maja.

Sie nimmt ein Blatt aus der Schublade und beginnt zu schreiben.

5 gute Eigenschaften:
1 Aufmerksam sein
2 Ein gutes Gedächtnis haben
3 Anschleichen, beschatten und sich verstecken können
4 Listig sein
5 Eine gute Spürnase haben

Maja legt den Stift weg und denkt nach.

»Vielleicht eignet sich nicht jeder Mensch als Detektiv«, sagt sie.

»Wie meinst du das?«

»Na ja, der Pastor zum Beispiel! Er sieht und hört nichts – im Gegensatz zu einem aufmerksamen Menschen. Und ein schlechtes Gedächtnis hat er auch.«

Lasse muss lachen, als er an Vallebys hibbeligen Pastor denkt.

»Stimmt, der Pastor wäre nicht der beste Detektiv. Und das ist auch gut so.«

Maja sieht Lasse fragend an.

»Wer sollte denn sonst in der Kirche über die Vögel und Blumen auf den Wiesen predigen?«, sagt Lasse.

Maja lacht.

»Detektivbüro Pastor – übernimmt spannende und gefährliche Aufträge jeder Art zwischen Himmel und Erde.«

»Aber die meisten anderen könnten als Detektive anfangen«, sagt Lasse.

»Zu jedem Punkt auf der Liste schreiben wir ein Kapitel«, denkt Lasse weiter. »Und das fertige Buch schenken wir dann den Bacon-Brüdern zur Eröffnung ihres Fundbüros.«

»Fangen wir mit dem Wichtigsten an«, sagt Maja und nimmt den Stift wieder auf. »Die Ausrüstung und das Büro!«

## DETEKTIVAUSRÜSTUNG:

### In unserer Detektivtasche:

* Notizblock und Stift
* Fernglas
* Lupe
* Handy (für Fotos, Filme und Tonaufnahmen)
* Spiegel
* Taschenlampe
* Karte von dem Bereich, in dem wir ermitteln
* Kohlepulver (oder Kakaopulver), weicher Pinsel und Klebeband
* Proviant (falls die Ermittlungen mal länger dauern)
* Verkleidung

## DETEKTIVBÜRO

»Bevor man loslegen kann, braucht man ein Büro«, sagt Lasse, als Maja ihre Notizen gemacht hat.

»Genau. Dort kann man seine Ausrüstung aufbewahren und ungestört über die gesammelten Hinweise nachdenken«, stimmt Maja zu.

»Super, dass wir diesen Raum haben«, sagt Lasse und sieht sich in Majas Keller um.

»Aber ein Detektivbüro kann an allen möglichen Orten eingerichtet werden«, sagt Maja. »Zu Hause, bei Freunden oder im Hort.«

»Schreib, dass Detektive ein Büro brauchen«, schlägt Lasse vor. »Und dass es gut ist, nicht alleine zu arbeiten. Man denkt besser mit mehreren Gehirnen.«

Maja sieht Lasse an.

»Und jetzt schreiben wir etwas über die erste Eigenschaft.«

Lasse schaut auf die Liste und liest laut vor:

»Punkt eins: Aufmerksam sein.«

»Genau«, sagt Maja. »Los geht's!«

So fangen sie ihr Detektiv-Handbuch an, das sie Eskil und Folke zur Einweihung schenken wollen.

# 1 Aufmerksam sein

## TATORT

Ein Detektiv muss immer wach und aufmerksam sein. Das ist besonders wichtig an den Orten, wo das Verbrechen stattgefunden hat. Dieser Ort wird **Tatort** genannt.

Wir waren schon an vielen verschiedenen Tatorten in Valleby. Außer in Muhammed Karats Juwelierladen noch im Stadthotel, auf dem Marktplatz, im Café, im Rio-Kino, in der Schule, im Hallenbad und auf dem Campingplatz.

Bewege dich an einem Tatort immer vorsichtig und achtsam, um keine möglichen Spuren zu zerstören!
Schreib alles, was du siehst, in dein Notizbuch. Eine Skizze des Tatorts von oben kann sehr hilfreich sein.

An einem Tatort sehen wir uns erst einmal gründlich um und machen die Ohren auf. Man muss sich Zeit nehmen, um nichts zu übersehen! Wir machen oft Fotos mit dem Handy, um uns hinterher Details anzusehen.

Wir kontrollieren, ob der Tatort unordentlich aussieht oder ob etwas verstellt oder verschoben wurde. Und wir achten auch auf ungewöhnliche Gerüche oder merkwürdige Geräusche.

## SPUREN UND HINWEISE

Ein Detektiv sucht am Tatort nach Hinweisen und Spuren. Gegenstände oder Abdrücke können verraten, was passiert ist. Manchmal ahnen wir schon nach einem kurzen Blick auf die Spuren, wer das Verbrechen begangen hat. Dann haben wir einen Verdächtigen.

Ein Beispiel: Wir finden am Tatort einen kleinen Rucksack, kleine Fußabdrücke, eine Bananenschale und einen Zirkushut.

Von wem könnte das stammen? Natürlich von Mirandas Affen Sylvester!

## Beispiele für Hinweise

* Gegenstände, die verschoben oder verstellt wurden, verschwunden oder am Tatort aufgetaucht sind
* Fingerabdrücke
* Fußabdrücke
* Lippenstiftspuren an Gläsern oder Tassen
* Ungewöhnliche Gerüche
* Spezielle Geräusche

## DETEKTIVÜBUNG HINWEISE

In diesem Zimmer im Stadthotel hat die Fotografin Charlotte während der Modenschau in Valleby gewohnt.
So sah es aus, bevor ein Unbekannter sich Zugang zu dem Zimmer verschafft hat.

Immer dran denken, dass auch die unwichtig erscheinenden Dinge von großer Bedeutung sein können!
VOGUE
# 127

Sieh dir das Bild genau an! Auf der nächsten Seite findest du Spuren des unbekannten Besuchers.

## DETEKTIVÜBUNG ✱ HINWEISE

Hier war ein diebischer Gast zu Besuch. Ein paar Gegenstände sind verschwunden, andere wurden verschoben und verändert, aber es scheint auch etwas dazugekommen zu sein.

Vergleiche die beiden seiten, dann findest du bestimmt auch die spuren des ungebetenen Besuchers!
VOGUE

Der Besucher hat insgesamt 12 Spuren hinterlassen.

Lösung: Sieh dir den Spiegel, die Schranktür, den Kleiderhaufen, das Handy, die Spielkarten, den Föhn, die Handtasche, die Tasse, die Reisetasche, den Ring, die Schuhabdrücke und die eine Kamera genauer an.

## FINGERABDRÜCKE

Einer der wichtigsten Anhaltspunkte an einem Tatort sind **Fingerabdrücke**. Das sind mit bloßem Auge kaum sichtbare Spuren, die zurückbleiben, wenn jemand etwas angefasst hat.

Wir haben zum Beispiel Fingerabdrücke gesammelt, um das Schulgeheimnis zu lösen. Dadurch konnten wir herausfinden, wer den Kopierer in der Schule benutzt hat.

Zur Sicherung der Abdrücke haben wir unsere Ausrüstung mitgebracht:

* Pinsel mit langen, weichen Borsten
* Schwarzes Kohlepulver
* Kamera
* Lupe
* Plastikbeutel

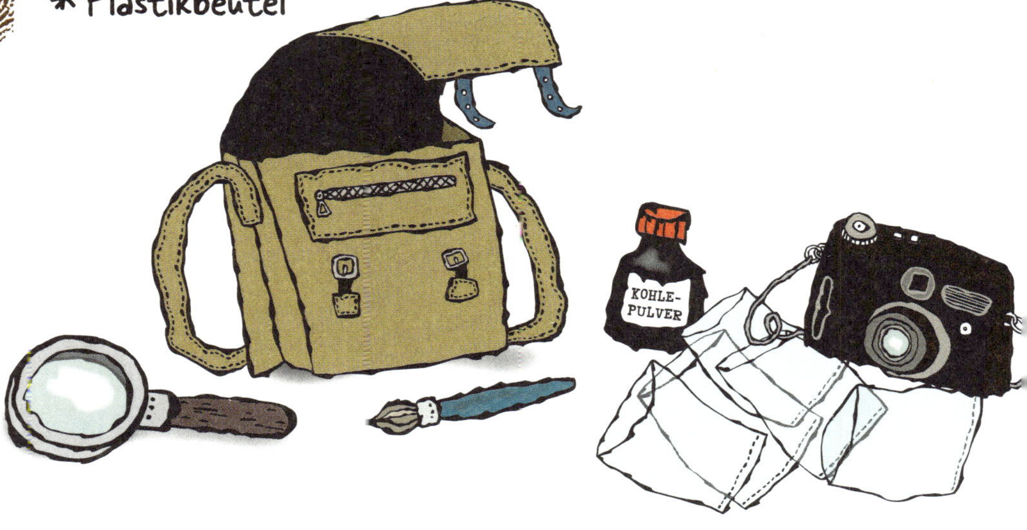

Nachdem wir alle Angestellten der Schule dazu gebracht hatten, irgendwelche Gegenstände anzufassen, haben wir sie in Plastikbeutel verpackt. (Also die Gegenstände, nicht die Angestellten!) Die Beutel sollten die Fingerabdrücke schützen.

Später haben wir die Gegenstände mit Kohlepulver bepinselt und die damit sichtbar gewordenen Abdrücke durch die Lupe angesehen.

## Die Kakaomethode

Wenn du kein Kohlepulver zur Hand hast, kannst du auch Kakaopulver auf die Fingerabdrücke streuen. Puste das überflüssige Pulver vorsichtig weg und drücke einen Tesafilmstreifen über den nun sichtbaren Abdruck. Indem du den Klebestreifen auf ein Blatt Papier klebst, hast du den Fingerabdruck gesichert!

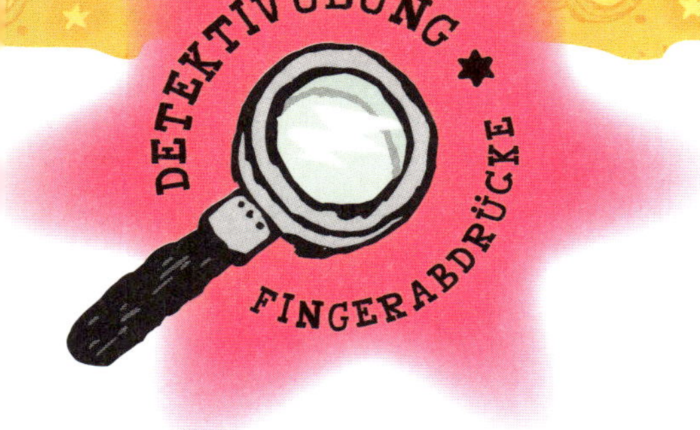

Im Hotelzimmer der Fotografin Charlotte wurde dieser Fingerabdruck auf dem Spiegel gefunden. Wir vermuten, dass der ungebetene Gast eine der Personen auf den folgenden Fotos ist.
Vergleiche die Fingerabdrücke mit dem Abdruck auf dem Spiegel. Erkennst du, zu wem er gehört?

Lösung: Es ist Sara Bernards Fingerabdruck.

## FUSSSPUREN UND SCHUHABDRÜCKE

Fußspuren und Schuhabdrücke können auch sehr aufschlussreich sein. Bei einem besonders kniffligen Fall gab es deutliche Stiefelabdrücke am Tatort. Die haben uns am Ende zur Lösung des Wikinger-Geheimnisses verholfen, obwohl der Dieb sehr clever vorgegangen ist.

Wir notieren uns die Länge, Breite und Form von Schuhabdrücken und malen das Sohlenprofil ab, um es später mit den Sohlen der Verdächtigen zu vergleichen. Einfacher ist es natürlich, ein Foto zu machen. Schuhabdrücke verraten mehr, als man denkt.

Tiefe Abdrücke können bedeuten, dass jemand schwer ist oder etwas Schweres getragen hat. Liegen die Abdrücke weit auseinander, kann das heißen, dass der Verdächtige groß ist oder gerannt ist.

Aber Achtung, manche Spuren führen in die Irre. Einmal sind wir ein paar Spuren gefolgt und waren ganz sicher, dass sie von einem Mann mit Stock stammten. Aber dann zeigte sich, dass sie von Barbro Palm waren, die mit ein paar klobigen Stiefeln an den Füßen einen Weihnachtsbaum nach Hause transportiert hat!

Etwas später am gleichen Tag hat es uns dann aber

Wir spielen Spürhunde. Nicht allzu erfolgreich!

geholfen, dass wir Spuren lesen konnten. Wir entdeckten die Abdrücke von zwei Frauenschuhen, vier Pfoten und vier Reifen vor dem Supermarkt, aus dem der gesamte Safranvorrat gestohlen worden war.

Die Verfolgung dieser Spuren hat uns zur Lösung des Safran-Geheimnisses geführt.

Hier sind viele Besucher herumgeschlichen. Versuche, den braunen Schuhabdrücken vom START zu folgen. Findest du heraus, wo sie enden?

Ein Verbrecher kann mit zu großen Schuhen den Verdacht von sich ablenken, mit zu kleinen eher nicht.
START

Lösung: Die Fußspuren enden im Tunnel auf der linken Seite.

## JE MEHR SINNE, DESTO BESSER

Je mehr Sinne eingeschaltet sind, wenn sich ein Verbrechen ereignet, desto besser kann man sich hinterher an Details erinnern. Die fünf Sinne sind: Riechen, Tasten, Hören, Schmecken und Sehen. Lasse und ich sehen uns zum Beispiel Dinge und Menschen ganz genau an, um uns beim Aufklären unserer Fälle ins Gedächtnis zu rufen, wie sie aussehen. Aber wir haben auch schon mithilfe der anderen Sinne Fälle gelöst.

Unser Gehör etwa hat uns auf die Spur eines entführten Hundes im Vallebyer Kino gebracht. Das sehr spezielle Jaulen im Kino Rio hat uns an einen Artikel über eben diesen entführten Hund im Valleby-Blatt erinnert.

Unser Geschmackssinn hat uns bei der eigenartigen Schokoladenprobe im Schloss des Grafen von Farsen geholfen. Da haben wir erschmeckt, dass die Edelschokolade aus der Kakaoplantage des Grafen ein Billigangebot aus dem Supermarkt war.

Auch unser Geruchssinn hat uns schon genutzt. In dem Fall mit den rätselhaften Bränden haben wir den Duft eines speziellen Öls erkannt, der uns zu dem Brandstifter geführt hat.

In manchen Fällen hilft einem auch der Tastsinn in der Detektivarbeit weiter. Im Goldgeheimnis haben wir zum Beispiel gelernt, wie schwer Goldbarren sind.

Und manchmal spürt man einfach, dass etwas im Busche ist. Dieses Gefühl nennt man auch Intuition.

Ein Detektiv braucht ein gutes Gedächtnis. Das haben nicht alle Menschen. Zum Glück kann man sein Gedächtnis trainieren! Zum Beispiel mit dem mehrere Tausend Jahre alten Gedächtnistraining namens LOCI:

1. Schere
2. Apfel
3. Hut
4. Buch
5. Stift
6. Schuh
7. Fisch
8. Eis
9. Spiegel
10. Schlüssel

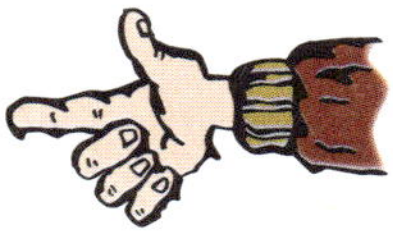

Merke dir die 10 Gegenstände in der Reihenfolge, in der sie auf dem Zettel stehen!

Jetzt schließe die Augen und zähle die zehn Gegenstände nacheinander auf.
Ganz schön schwer, oder?

Mithilfe der Gedächtnistechnik Loci kann man einen Gedächtnisspaziergang machen. Stell dir vor, dass du jeden Gegenstand an einen bestimmten Platz legst, zum Beispiel bei dir zu Hause. Dann schließt du die Augen und gehst in Gedanken von einem Platz zum nächsten und findest nacheinander die Gegenstände.

1. Schere – hinter der Haustür
2. Apfel – auf der Hutablage
3. Hut – im Kühlschrank
4. Buch – auf dem Küchentisch
5. Stift – unter dem Küchentisch
6. Schuh – unterm Bett im Schlafzimmer
7. Fisch – auf dem Kissen im Bett
8. Eis – auf dem Badezimmerboden
9. Spiegel – in der Badewanne
10. Schlüssel – auf dem Klodeckel

Schreib eine eigene Liste verschiedener Gegenstände und wo in deinem Zuhause du sie abgelegt hast. Stell dir dann vor, dass du durch die Räume gehst und versuche dich zu erinnern, an welchem Platz du was abgelegt hast.

## ZEUGEN BEFRAGEN

Wenn ein Verbrechen begangen wird, befinden sich oft Menschen in der Nähe, die irgendetwas hören oder sehen. Sie werden **Zeugen** genannt.

Es kommt darauf an, mit den Zeugen zu sprechen, bevor sie wieder vergessen, was sie gehört oder gesehen haben. Wir beginnen eine Befragung gerne mit *Wann*-, *Wo*- und *Wie*-Fragen.

Das Problem ist, dass viele Zeugen sich falsch erinnern. Nicht alle Menschen haben so ein geübtes Gedächtnis wie Detektive!

Zum Glück gibt es ein paar Tricks, um ihnen auf die Sprünge zu helfen.

Es ist zum Beispiel gut, **offene Fragen** zu stellen, wenn man mit Zeugen spricht.

Statt der Frage, ob der Verbrecher eine Brille getragen hat, fragen wir, wie die Person ausgesehen hat. Dann zählt der Zeuge vermutlich nicht nur die Brille auf, sondern auch den Schnurrbart und andere Merkmale, nach denen wir noch gar nicht gefragt haben.

Oft lassen wir die Zeugen frei erzählen und schreiben alles auf, was sie sagen – auch das, was auf den ersten Blick unwichtig erscheint. Später hat sich schon manches davon als wichtig erwiesen!

Am besten verhört man Zeugen einzeln.
Sonst besteht die Gefahr, dass sie sich von den Geschichten der anderen beeinflussen lassen.
Fragen an die Zeugen:
* Was ist passiert?
* Wie ist es abgelaufen?
* Wo ist es passiert?
* Wie spät war es?
* Wie sah der Verbrecher aus?
* Wohin ist er oder sie verschwunden?
* Ist dir irgendetwas Außergewöhnliches aufgefallen?

## PERSONENBESCHREIBUNG

In einer **Personenbeschreibung** werden alle Eigenschaften gesammelt, die eine Person beschreiben.

Bei der Suche nach einem Täter sind wir auf die Aussagen von Zeugen angewiesen. Alles, was den Verbrecher beschreibt, sammeln wir in einer Liste – und schwups, fertig ist die Personenbeschreibung!

Eigenschaften in einer Personenbeschreibung:

- Größe
- Geschlecht
- Alter
- Körperbau
- Frisur und Haarfarbe
- Kleidung
- Schuhe
- Körpersprache
- Hautfarbe
- Augenfarbe
- Schnurrbart oder Vollbart
- Tätowierungen und Narben
- Gerüche, Düfte
- Schmuck
- Stimme und Dialekt
- Brille

# ACHTE AUF DIESE DINGE!

Wer hat das Café verlassen, ohne zu bezahlen?

Wir haben sechs Zeugen gebeten, Merkmale der Person zu nennen, die vergessen hat, ihre Rechnung im Café Bernard & Panini zu bezahlen. Es gibt vier Verdächtige. Die Zeugen zählen auf, woran sie sich erinnern.

Die flüchtige Person trägt eine Brille.
Die flüchtige Person hat weiße Haare.
Die flüchtige Person hat einen Rock oder ein Kleid getragen.
Die Kleider hatten gelbe und rote Farbtöne.

# DIE VERDÄCHTIGEN

Barbro Palm
Muhammed Karat
Rektorin Gun
Fransy Vik
Die flüchtige Person hatte hohe Absätze
Die flüchtige Person hatte einen zur Jacke passenden Hut

Lösung: Barbro Palm ist die flüchtige Person.

# 3 Anschleichen, beschatten und sich verstecken können

Manchmal müssen Detektive sich an Verdächtige anschleichen. Dabei kommt es darauf an, keine Aufmerksamkeit auf sich zu ziehen! Weil der Verbrecher natürlich nicht wissen darf, dass wir ihm auf den Fersen sind.

Darum versuchen wir, mit unserer Umgebung zu verschmelzen, sowohl durch die Kleidung als auch durch unser Verhalten. So setzen wir uns ins Café, um jemanden am Nachbartisch zu belauschen. Oder wir sind draußen unterwegs und tun so, als würden wir spielen. Stehen bleiben und sich die Schuhe zubinden, einen Stadtplan anschauen oder sich hinter einer Zeitung verstecken kann auch eine Tarnung sein, um jemanden unauffällig zu beobachten oder zu belauschen.

Wir haben das Beschatten und Verfolgen erst einmal bei Leuten geübt,

die wir kennen. So haben wir gelernt, genügend Abstand zu denen zu halten, die wir verfolgen.

Beim Zirkus-Geheimnis haben wir geflunkert und behauptet, wir wären von der Schulzeitung. Dabei haben wir Verdächtige beschattet.

Das ging so lange gut, bis der Gewichtheber Ali Pascha gemerkt hat, dass auf unserem Notizblock gar keine Interviewfragen stehen …

Tipps fürs Beschatten:
* Abstand zu der verdächtigen Person halten
* Aufmerksam umschauen und zuhören
* Normal benehmen
* Eine Verkleidung wählen, die zur Umgebung und zum Wetter passt
* Leise Schuhe tragen
* So tun, als wäre man mit etwas beschäftigt, zum Beispiel mit dem Handy telefonieren

## TARNUNG

Manchmal braucht man eine Verkleidung. Als wir unser Detektivbüro gegründet haben, haben wir einen Haufen verschiedener Kleidungsstücke gesammelt, um uns bei Bedarf beim Verfolgen und Beschatten zu tarnen.

Inzwischen ist unsere beeindruckende Auswahl an Kleidern, Halstüchern, Hüten, Mützen, Perücken und Brillen schon oft in unseren Ermittlungen zum Einsatz gekommen!

Und in der Verkleidungskiste sind außerdem verschiedene Zeitungen und Zeitschriften, Bücher und Karten, hinter denen wir uns verstecken können.

## VERKLEIDETE VERDÄCHTIGE

Knifflig wird's, wenn die Verdächtigen, die wir beschatten, ebenfalls verkleidet sind! Manche Verbrecher sind außerdem gute Schauspieler. Sie führen Zeugen mit verstellter Stimme, einem Dialekt, Gesten, Perücken und Kleidern hinters Licht. Und manchmal sogar die scharfsichtigsten Detektive.

Im Stadthotel hatten wir es mal mit einer reichen Familie zu tun … Zumindest sahen sie dank ihrer Kleidung reich aus.

Beim Beschatten verdächtiger Personen achtet man am besten auf Merkmale, die sich nur schwer durch eine Verkleidung verändern lassen, wie zum Beispiel die Körpergröße und die Form der Nase oder Ohren.

Auf dieser Seite siehst du fünf Bewohner Vallebys in ihren gewöhnlichen Kleidern. Erkennst du sie wieder?

Auf dieser Seite haben die Personen die Plätze getauscht und sich verkleidet.
Wer ist wer?
Was haben sie für Verkleidungen gewählt?

Lösung: Die Personen von links nach rechts auf dieser Seite sind Rektor Ahlberg, Lasse, Sara Bernard, Barbro Palm und Rune Andersson.

## DETEKTIVSPRACHE

Manchmal müssen wir Detektive uns unterhalten können, ohne zu verraten, worüber wir sprechen. Dafür sind Geheimsprachen, Codewörter und geheime Zeichen perfekt! Indem wir Wörter durch nur unter uns vereinbarte Ziffern oder Zeichen ersetzen, gehen wir sicher, dass niemand außer uns versteht, worüber wir reden.

Seht euch den Brief unten an. Er ist von unserer Freundin Miranda. Wir waren sicher, dass eine Geheimbotschaft in dem Text versteckt ist, die wir am Ende entschlüsseln konnten, indem wir nur jedes dritte Wort gelesen haben (in Großbuchstaben).

Die Räubersprache ist auch ein Beispiel für eine Geheimsprache. Da wird hinter jedem Konsonanten (Mitlaut) ein o eingeschoben und der Konsonant danach wiederholt. Maja wird so zu Momajoja.

## CODEWÖRTER

Codewörter sind eine andere Möglichkeit zu verbergen, worüber man spricht. Wir denken uns oft Codewörter für uns selbst aus, für alle Verdächtigen, für das Verbrechen und wichtige Plätze bei den Ermittlungen. So können wir uns über den Fall unterhalten, ohne dass jemand versteht, was wir sagen.

Wir tauschen also die Wörter, die wir vermeiden wollen, gegen andere Wörter aus, die wir vorher abgesprochen haben.

Ich glaube, die Gurke hat die Erdnüsse genommen.*

* Heißt eigentlich: Ich glaube, Tore Mutig hat die Diamanten gestohlen.

## GEHEIME ZEICHEN

Ab und zu gerät man in Situationen, in denen man keine Möglichkeit hat, miteinander zu reden. Da helfen geheime Zeichen, um sich ohne Worte zu verständigen – vielleicht sogar vor den Augen eines Verdächtigen …

Bei unseren Ermittlungen im Krankenhaus-Geheimnis waren wir im Sprechzimmer von Doktor Moberg. Er wollte wissen, ob wir schon etwas über die Diebstähle im Krankenhaus herausbekommen hatten.

Da hat Lasse sich zurückgelehnt und so getan, als würde er den Reißverschluss seiner Hose hochziehen. Das war das Zeichen, dass wir »dichthalten« und Doktor Moberg nichts verraten sollten.

Kneifen ins linke Ohrläppchen kann heißen *Lass uns schnell abhauen* und kratzen am Kinn *Ich glaube, er ist schuldig*.

Detektive, die im Team arbeiten, können sich beliebig lange Listen mit Geheimzeichen ausdenken. Aber die muss man natürlich üben wie Vokabeln, damit beide verstehen, was sie bedeuten.

Doktor Moberg hat kein Wort aus uns herausbekommen!

## VERHÖR

Wenn der Polizeiinspektor oder ein Detektiv einen Verdächtigen befragt, nennt man das auch Verhör. Man fragt zum Beispiel, was die Verdächtigen zum Zeitpunkt des Verbrechens gemacht haben oder wo sie waren.

## MOTIV

Dann interessiert uns natürlich das Motiv, also der Grund für das Verbrechen. Wir versuchen mit unseren Fragen herauszufinden, warum eine Tat begangen wurde.

Beim kniffligen Tiergeheimnis wendet der Polizeiinspektor eine List an.

Bei manchen unserer Fälle hatten die Täter alle nur erdenklichen Motive für ihre Tat, aber Geld, Liebe und Rache sind wohl die gewöhnlichsten Gründe. Darum versuchen wir herauszufinden, ob die Verdächtigen Geld brauchen, verliebt sind oder sich rächen wollen.

## ALIBI

Kann eine verdächtige Person beweisen, dass sie zum Zeitpunkt der Tat nicht am Tatort war, sagt man, dass die Person ein **Alibi** hat. Vielleicht wurde der Verdächtige zum Tatzeitpunkt im Supermarkt, in der Schule oder an einem anderen Ort gesehen.

Ein Tipp: Wir legen immer Listen über alle Verdächtigen an und notieren mögliche Motive dazu. Wer ein Alibi hat, wird von der Liste gestrichen.

Mit ein bisschen Glück steht am Ende nur noch eine Person auf der Liste – der Täter oder die Täterin!

Diese Methode wird auch **Ausschlussverfahren** genannt.

## LÜGNER ERKENNEN

Als Detektiv muss man immer auf der Hut sein! Die Verdächtigen wollen natürlich nicht geschnappt werden. Darum versuchen sie es oft mit Lügen. Manche können das besser als andere, und es ist schwierig zu sehen, ob jemand lügt oder nicht.

Mit den Jahren haben wir gelernt zu sehen, ob jemand die Wahrheit sagt, und erkennen schneller, wer lügt. Dazu achten wir darauf, ob der Verhörte wütend wird, schwitzt, den Blick abwendet oder zu viel redet.

Das lässt sich wunderbar mit Freunden üben! Dein Gegenüber soll beispielsweise fünf Dinge aufzählen, die er oder sie erlebt hat. Eins davon soll eine Lüge sein. Und du musst raten, welches von den fünf Dingen nicht wahr ist.

Ein anderer Trick ist, den Verdächtigen mehrmals seine Geschichte erzählen zu lassen. Wenn die Geschichten sich alle ein kleines bisschen unterscheiden, haben wir es häufig mit einem Lügner zu tun!

# ANZEICHEN, DASS JEMAND LÜGT:

## GESTÄNDNIS

Manche Täter bringt man leicht zu einem Geständnis. Bei anderen ist es schwieriger, da muss man als Detektiv listig sein.

Schwer zu überführen war die Familie Gala, die sich in einem unserer Fälle im Stadthotel eingemietet hatte – dem Hotel-Geheimnis!

Das waren ganz merkwürdige Leute mit einem noch merkwürdigeren Hund auf einem Samtkissen: ein chinesischer Apfeldackel.

Und dann verschwand der geliebte Hund!

Als die Familie erzählte, dass der Hund zweihunderttausend Kronen wert war, hatte der Hoteldirektor große Sorge, dass der Apfeldackel nicht wieder auftauchen könnte.

In dem Fall drohte nämlich Herr Gala damit, die Hotelrechnung nicht zu bezahlen.

Als sie schon abreisen wollten, wurde uns klar, wie alles zusammenhing. Dafür war uns der Hoteldirektor Ronny Hazelwood sehr dankbar, weil er sonst große finanzielle Probleme bekommen hätte.

Die vornehme Familie Gala

## Erinnerungsliste:

* Wo war die verdächtige Person zum Zeitpunkt der Tat?
* Hat die verdächtige Person ein Motiv?
* Hat die verdächtige Person ein Alibi?
* Gibt es Anzeichen, dass die verdächtige Person lügt?
* Wende das Ausschlussverfahren an.

Ein cleverer Detektiv sollte flunkern und bluffen können, um Verbrecher zu überlisten. Mit dem folgenden Kartenspiel für drei bis sechs Spieler kannst du das trainieren.

## SCHUMMELN

Bei diesem Spiel geht es darum, als Erster seine Karten loszuwerden.

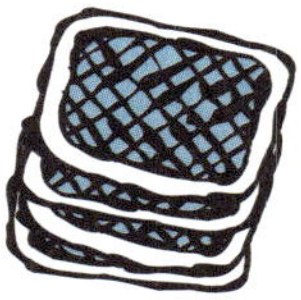

- Die Karten mischen und jedem Spieler sieben Karten austeilen. Den restlichen Haufen verdeckt in die Mitte legen und die obere Karte aufgedeckt daneben.
- Die Spieler spielen nun nacheinander ihre Karten aus, indem sie die aufgedeckte Karte mit einem höheren Wert (2 ist der niedrigste, Ass der höchste Wert) der gleichen Farbe (Herz, Karo, Pik, Kreuz) bedienen. Hast du mehrere gleichwertige Karten auf der Hand, dürfen sie zusammen ausgelegt werden.
- Du spielst deine Karten verdeckt mit der Rückseite nach oben aus und sagst Farbe und Wert laut an.
- Hast du keine höhere Karte in der Farbe der Karte auf dem Tisch auf der Hand, kannst du *passen*. Dann ist der nächste Spieler dran. Wenn alle gepasst haben, fängt das Spiel von vorne an, indem der letzte Spieler, der eine Karte ausgelegt hat, eine neue aufdeckt.
- Du kannst aber auch, statt zu passen, bluffen! Dazu legst du verdeckt eine falsche Karte aus, sagst aber, dass sie höher als die auf dem Tisch ist und dieselbe Farbe hat.

Übe, dir beim schummeln nichts anmerken zu lassen.
Schummeln ist gut zum Pokerface-Üben.

- Du kannst auch bluffen oder mogeln, indem du Karten unter den Tisch »fallen« lässt, wenn gerade niemand guckt.
- Wenn du glaubst, dass jemand in der Runde blufft oder schummelt, kannst du »Schummler« rufen! Stimmt dein Verdacht, muss der Bluffer drei Karten vom Haufen nehmen (oder, wenn der leer ist, von den Karten auf deiner Hand). Ist der oder die von dir Angeklagte unschuldig, musst du drei Karten nehmen.

**VIEL GLÜCK!**

# 5 Eine gute Spürnase haben

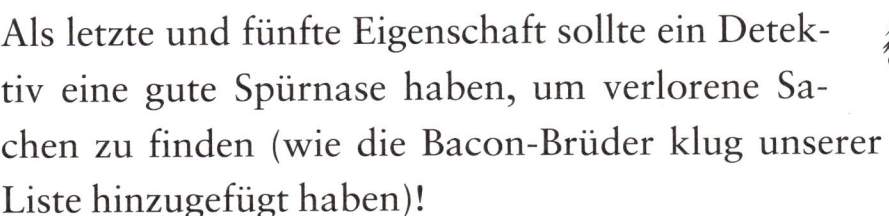

Als letzte und fünfte Eigenschaft sollte ein Detektiv eine gute Spürnase haben, um verlorene Sachen zu finden (wie die Bacon-Brüder klug unserer Liste hinzugefügt haben)!
Im Laufe der Jahre sind in Valleby eine Menge Dinge verschwunden. Kurz vor der Modenschau zum Beispiel Lulu, die Lieblingskatze des Modeschöpfers Jean-Pierre.
Nach Abhaken der ersten vier Punkte auf der Liste haben wir auch den fünften und letzten geschafft: Sachen finden (in diesem Fall die Katze Lulu).

## 1 Aufmerksam sein

Uns fiel auf, dass die Katze hungrig aussah. Und wir hatten gesehen, dass das Fenster von dem Zimmer, in dem die Katze war, offen stand.

## 2 Ein gutes Gedächtnis haben

Wir haben uns erinnert, dass Ivy Roos mit einer Tüte Garnelen vor dem Fenster vorbeigelaufen war. Lulus Lieblingsessen!

## 3 Beschatten, anschleichen und sich verstecken können

Wir haben unauffällig alle Beteiligten beschattet. Unter anderem bei einer nächtlichen Beobachtungstour durch Valleby.

## 4 Listig sein

Wir sind zu dem Schluss gekommen, dass die hungrige Katze Lulu durchs offene Fenster die Garnelen gerochen hat und aus dem Zimmer entwischt ist. Und wem gehörten die Garnelen? Genau: Ivy Roos. Also sind wir zu ihr geradelt.

## 5 Eine gute Spürnase haben

Und dort haben wir Lulu gefunden. Jean-Pierre war überglücklich!

## DETEKTIVÜBUNG – SACHEN FINDEN

Der Polizeiinspektor will in seiner weißen Uniform zur Modenschau gehen. Die Uniform hängt im Kleiderschrank. Aber wo ist seine weiße Polizeimütze?

Lösung: Die Mütze liegt unter dem Schreibtisch.

Maja legt den Stift weg und schaut zufrieden auf den Text für das Detektiv-Handbuch.

»Fertig!«, sagt sie.

Sie nimmt einen Umschlag und schiebt den Papierstapel hinein.

»An Folke und Eskil Bacon«, schreibt Lasse auf den Umschlag.

Danach gehen sie zu Sigge Jansson in die Redaktion vom Valleby-Blatt und überreichen ihm das Geschriebene.

100-PACK
STIFTE H
VB
Valleby-
Blatt
Zirkus
in der
Stadt
Fantastische Reportagen
FAKTEN
Berühmte Reporter
DENK-
ZETTEL
TEL.-LISTE
An
Folke und
Eskil Bacon

Ein paar Tage später blättert Maja im Valleby-Blatt.

»Sieh dir das an, Lasse«, sagt sie und zeigt auf einen Artikel in der Zeitung.

Lasse beugt sich über ihre Schulter und liest:

# Erster Fall für neues Fundbüro

Das neu eröffnete Detektivbüro »Folkes und Eskils Fundbüro« hat bereits den ersten Fall gelöst, teilt der Korrespondent des Valleby-Blatts mit.

Gegen drei Uhr am Donnerstagnachmittag stellte der Schreiber dieses Artikels, Sigge Jansson, fest, dass seine Lesebrille spurlos verschwunden war.

Er hat direkt Folkes und Eskils Fundbüro aufgesucht, die unmittelbar die notwendigen Maßnahmen eingeleitet haben. Mithilfe ihres frisch erworbenen Detektivwissens haben sie sich begeistert auf ihren ersten Fall gestürzt.

Nach einer gründlichen Suchaktion in der Zeitungsredaktion fand das Detektivduo heraus, dass die Brille gar nicht verschwunden war, sondern die ganze Zeit auf Sigge Janssons (also meinem) Kopf gesessen hat.

»Wir sind eben zwei richtig helle Köpfe!«, so der Kommentar der beiden Brüder. »Und wir haben ein supergutes Detektiv-Handbuch gelesen …«

-VB-
Reporter: Sigge Jansson
(Großvater der Bacon-Brüder)

# DETEKTIV-WÖRTERLISTE

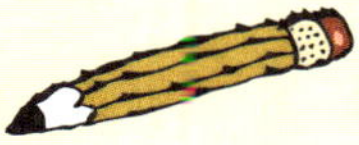

**Alibi**
Wenn jemand beweisen kann, dass er zum Zeitpunkt der Tat nicht am Tatort war.

**Ausschlussverfahren**
Eine Methode, den Schuldigen zu finden, indem alle anderen Verdächtigen nach und nach ausgeschlossen werden.

**Bluffen**
Täuschen, tricksen, schummeln, mogeln.

**Codewort**
Ein Wort, das ersatzweise für Wörter eingesetzt wird, die man nicht laut sagen will. Ermöglicht Detektiven, geheime Botschaften auszutauschen.

**Fingerabdruck**
Abdruck, den man hinterlässt, wenn man etwas angefasst hat.

**Fußspur**
Abdruck, die ein Fuß hinterlässt.

**Geheimes Zeichen**
Eine Geste oder ein Gesichtsausdruck, um sich ohne Worte zu verständigen.

**Geheimsprache**
Für sprachliche oder schriftliche Mitteilungen, die außer dem Empfänger niemand verstehen soll. Ein Beispiel ist die Räubersprache.

**Hinweise**
Dinge oder Spuren, die Detektiven bei der Lösung eines Falls helfen.

**Intuition**
Bauchgefühl, z. B. die Ahnung, dass irgendetwas nicht in Ordnung ist …

**Kohlepulver**
Wird von Polizisten und Detektiven verwendet, um Fingerabdrücke sichtbar zu machen.

## Loci
Eine Gedächtnistechnik, bei der man gedanklich Dinge, die man sich merken will, an unterschiedlichen Stellen platziert, zum Beispiel bei sich zu Hause.

## Motiv
Der Grund, aus dem ein Verbrechen begangen wird.

## Offene Fragen
Fragen, die nicht mit einem einfachen Ja oder Nein beantwortet werden können und eine ausführlichere und persönlichere Antwort erfordern.

## Schuhabdruck
Abdruck, die ein Schuh hinterlässt.

## Schummeln
Ein Kartenspiel, bei dem gemogelt werden darf.

## Sinne
Helfen uns, unsere Umwelt wahrzunehmen: Sehen, Hören, Riechen, Schmecken und Fühlen.

## Tarnung
Kleider oder Dinge, mit denen man sein Aussehen verändert.

## Tatort
Ort, an dem ein Verbrechen stattgefunden hat.

## Verdächtige
Personen, die möglicherweise ein Verbrechen begangen haben und deshalb von den Detektiven genauer unter die Lupe genommen werden müssen.

## Verhör
Wenn Polizisten oder Detektive mit Verdächtigen und Zeugen sprechen.

## Zeuge
Jemand, der etwas Wichtiges gesehen oder gehört hat.

# Detektivbüro LasseMaja

Das Schulgeheimnis
Band 1
ISBN 978-3-7641-5041-9

Das Mumiengeheimnis
Band 2
ISBN 978-3-7641-5107-2

Das Diamantengeheimnis
Band 3
ISBN 978-3-7641-5074-7

Das Tiergeheimnis
Band 4
ISBN 978-3-7641-5076-1

Das Cafégeheimnis
Band 5
ISBN 978-3-7641-5047-1

Das Zirkusgeheimnis
Band 6
ISBN 978-3-7641-5046-4

Das Zeitungsgeheimnis
Band 7
ISBN 978-3-7641-5069-3

Das Campinggeheimnis
Band 8
ISBN 978-3-7641-5067-9

Das Kinogeheimnis
Band 9
ISBN 978-3-7641-5040-2

Das Goldgeheimnis
Band 10
ISBN 978-3-8000-5647-7

Das Fußballgeheimnis
Band 11
ISBN 978-3-7641-5042-6

Das Bibliotheksgeh.
Band 12
ISBN 978-3-7641-5075-4

Das Galoppgeheimnis
Band 13
ISBN 978-3-7641-5048-8

Das Eisenbahngeheimnis
Band 14
ISBN 978-3-7641-5049-5

Das Liebesgeheimnis
Band 15
ISBN 978-3-8000-5674-3

Das Safrangeheimnis
Band 16
ISBN 978-3-7641-5006-8

Das Krankenhausgeh.
Band 17
ISBN 978-3-7641-5007-5

Das Kirchengeheimnis
Band 18
ISBN 978-3-7641-5024-2

Das Hotelgeheimnis
Band 19
ISBN 978-3-7641-5038-9

Das Geburtstagsgeh.
Band 20
ISBN 978-3-7641-5057-0

Das Schwimmbadgeh.
Band 21
ISBN 978-3-7641-5070-9

Das Fahrradgeheimnis
Band 22
ISBN 978-3-7641-5084-6

Das Feuerwehrgeheimnis
Band 23
ISBN 978-3-7641-5099-0

Das Gefängnisgeheimnis
Band 24
ISBN 978-3-7641-5108-9

Das Katzengeheimnis
Band 25
ISBN 978-3-7641-5125-6

Das Feriengeheimnis
Band 26
ISBN 978-3-7641-5139-3

Das Schlossgeheimnis
Band 27
ISBN 978-3-7641-5145-4

Das Sommergeheimnis
Band 28
ISBN 978-3-7641-5167-6

Das Wikingergeheimnis
Band 29
ISBN 978-3-7641-5171-3